UNE QUESTION

QUI REVIENT SUR LE TAPIS

CONVERSATION

D'UN ÉLECTEUR AVEC SON DÉPUTÉ

PAR

M. Alexandre BONNAVENTURE

1890

LITHOGRAPHIE ET TYPOGRAPHIE DE GILBERT ROUX

GRAY

UNE QUESTION

QUI REVIENT SUR LE TAPIS

CONVERSATION

D'UN ÉLECTEUR AVEC SON DÉPUTÉ

PAR

M. Alexandre BONNAVENTURE

1890

LITHOGRAPHIE ET TYPOGRAPHIE DE GILBERT ROUX

GRAY

CONVERSATION

D'UN ÉLECTEUR AVEC SON DÉPUTÉ

L'Électeur

Que j'ai donc du plaisir à vous revoir, monsieur le Député, et combien je suis touché de votre visite !

Le Député

Chose promise, chose due, mon cher !

A peine les vacances parlementaires ont-elles sonné, que j'ai considéré comme une obligation d'accourir au milieu de l'arrondissement qui m'a fait l'honneur de m'élire et de remettre ses intérêts les plus précieux entre mes mains.

L'Électeur

A la bonne heure ! On ne vous accusera pas au moins de manquer à vos engagements, et si vos collègues prenaient exemple sur vous, lorsqu'ils se retrouveraient ensuite sur les bancs de la Chambre, après s'être imprégnés en quelque sorte de ce souffle d'honnêteté et de travail qui traverse nos villes paisibles et nos campagnes laborieuses, ils se sentiraient comme épurés et grandis par la hauteur de leur mission.

Le Député

Certes, votre idée est aussi juste que raisonnable. Ah ! si toutes nos querelles politiques pouvaient tomber au seuil du Palais-Bourbon ; si chacun de nous ne pénétrait dans l'enceinte de nos lois qu'avec cette pensée : la grandeur de la Patrie, quel pays serait le nôtre ! Quelle nation serait la France !

L'électeur

Il faut en convenir, le spectacle sans cesse renouvelé de nos divisions est un voile qui obscurcit le rayonnement d'un état libre. Mais ne croyez-vous pas qu'une grande partie de cette agitation ne règne qu'à la surface et qu'elle est le fait d'une presse hostile qui nous réveille chaque jour au bruit de ses violences et de ses injures ?

Le Député

Cette remarque, j'ai pu la faire le jour où,

quittant cette existence tranquille de la province, j'ai été mêlé aux mille incidents qui composent ce que nous appelons la vie politique. Eh oui ! mon cher, si nos centres industriels de l'Est et du Midi nous représentent les grandes artères de la France, Paris en est vraiment le cœur, et il nous en arrive comme les échos affaiblis de ses pulsations gigantesques, et nous sommes agités, à notre tour, par les derniers frissons de la fièvre qui secoue ce puissant organisme social !

L'Électeur

D'accord ! Mais quand votre Paris prend la liberté un peu trop fréquente de faire des sottises, c'est presque toujours la province qui paie les pots cassés.

Le Député

Où voulez-vous en venir ?

L'Électeur

Tout simplement à ceci, monsieur le Député : c'est que le bruit, la réclame et les intrigues de couloirs ne remplaceront jamais le bon sens, le calme et la bonne foi. En d'autres termes, cela revient à dire que Paris qui veut quand même des idoles — quitte à les renverser le lendemain — sacrifie trop souvent l'intérêt général de la classe ouvrière aux appétits électoraux et finanaciers qui l'assiègent de toutes parts.

Le Député

Mais encore faudrait-il citer des exemples à l'appui de ce raisonnement !

L'Électeur

Des exemples ? Eh bien, regardez un peu ce qui se passe à propos des vins de raisins secs ? Voilà des vins qui, depuis près de quinze ans, ont suppléé à l'insuffisance des vignobles ravagés par la maladie ; leur fabrication saine, leur dégustation agréable et leur bon marché tout exceptionnel en ont étendu la consommation à toutes les exploitations agricoles ; l'ouvrier des villes le boit de préférence aux produits dangereux de la distillation ; l'Etat, lui-même, fabrique à Vincennes et à Saint-Maur le vin de raisins secs qu'il destine à l'armée ; l'Université l'a mis en usage dans nos lycées et nos collèges, et c'est au moment où ce liquide a pris une si large place dans notre économie domestique qu'on se propose de le faire disparaître en frappant la matière première, c'est-à-dire les raisins secs, d'un droit d'entrée de 20 francs et plus par 100 kilos !

LE DÉPUTÉ

J'ai tout lieu de croire que vous vous alarmez à tort, car ce n'est là qu'un simple projet...

L'ÉLECTEUR

Oui ! mais c'est un projet qui succède à cette loi stupide et vexatoire à laquelle M. Griffe a attaché son nom et qui nous a déjà valu la distinction des produits ! C'est un projet qui fait suite à la rupture de notre convention commerciale avec la Grèce ! C'est ce même projet enfin qui, n'ayant pu être discuté dans la dernière Chambre, devait fatalement revenir sur l'eau dans celle-ci. Et, je vous le demande, n'avons-nous pas tout à craindre d'une assemblée à ses débuts qu'on appellerait à émettre un vote sur une question qu'elle n'a ni approfondie, ni même étudiée ?

LE DÉPUTÉ

Le régime parlementaire a toujours été fécond en surprises.

L'ÉLECTEUR

Cela seul justifierait nos appréhensions. Mais, puisque vous voilà parmi nous, animé des meilleures intentions et prêt à recueillir nos doléances, pourquoi ne les enregistreriez-vous pas fidèlement et n'accepteriez-vous point d'être notre porte-parole dans le grand débat qui va s'ouvrir ?

Le Député

Certainement, je fais partie d'un bureau et je prends part aux travaux de plusieurs commissions...

L'Électeur

Eh bien ! c'est dans ce milieu excellent qu'il faut d'abord répandre nos idées qui sont aussi les vôtres. Et puis, comme suprême ressource, n'avez-vous pas la tribune pour défendre nos droits menacés? Nous vous reconnaissons tous assez d'expérience et de savoir pour en franchir sans crainte les degrés et pour y tenir ce simple langage :

« Messieurs,

« On vous demande de frapper les raisins secs
« d'un droit d'entrée de 20 fr. par 100 kilog.
« Connaissez-vous le but de cette étrange propo-
« sition ? C'est d'empêcher la classe ouvrière de
« boire du vin à bon marché, et, par contre,
« d'étendre les affreux ravages de l'alcoolisme —
« Eh bien ! je le déclare hautement, un tel projet
« de loi est une honte pour la Chambre française
« et républicaine qui le subit.

« Tranquillisez-vous, Messieurs ! Je vais expli-
« quer et développer le sens de mes paroles.
« Nous allons examiner ensemble cette question,
« et lorsque je l'aurai mise à nu, lorsque je
« l'aurai dépouillée des vains artifices dont on
« l'entoure, vous resterez surpris de l'audace de
« ceux qui ont osé vous la soumettre.

« Oh ! ceux-là, vous les connaissez bien ! Ils
« appartiennent précisément à cette même région
« du midi qui fut autrefois le berceau de la fa-
« brication des vins de raisins secs, et qui brûle
« aujourd'hui ce qu'elle avait adoré !... Je ne
« doute pas, Messieurs, que vous ne partagiez
« mon admiration à l'égard de cette bizarrerie,
« il est vrai, toute méridionale. Mais ce que je
« dois vous indiquer, avant tout, c'est la marche
« rapide des événements qui ont provoqué cette
« indignation superbe.

« Oh ! le Midi n'a pas toujours protesté ! Nous
« l'avons vu jadis, laborieux et sage, s'appliquer
« à la fabrication des vins de raisins secs avec
« des soins touchants et entretenir même avec
« les grandes fabriques de l'Est et de Paris les
« relations les plus cordiales — Mais, hélas ! les
« plus belles choses ont parfois le pire destin !
« Nous traversions alors une période absolument
« transitoire. Le jour où le Midi, jetant les yeux
« sur ses vignobles demeurés longtemps impro-

« ductifs, les vit soudain renaître et prendre une
« vigueur nouvelle, l'orage devait éclater. Et il
« éclata, Messieurs, avec toute l'impétuosité et
« toute la violence des tempéraments de ces
« contrées.

« Ce que l'on vit alors ne saurait exactement
« se raconter ni se dépeindre — Désormais le
« Midi n'avait que faire des vins de raisins secs ;
« c'était maintenant du vin frais qui emplissait
« ses larges cuves et qu'il s'agissait de vendre
« en prenant pour base les plus hauts tarifs —
« Certes, qui de nous, à cette heure, n'éprouva
« un légitime sentiment d'orgueil en assistant à
« la reconstitution merveilleuse de ces vignobles ?
« Nos populations du Midi, si longtemps et si
« cruellement éprouvées, allaient enfin se relever
« de leurs pertes. N'était-ce pas justice ? et nous
« y applaudissions de tout notre cœur, lorsque
« le plus triste exemple de lucre et de déloyauté
« commerciale accouplés à je ne sais quels inté-
« rêts électoraux compromis devait nous être
« donné en spectacle.

« Les départements de l'Aude, de l'Hérault,
« des Pyrénées-Orientales et du Gard, jaloux des
« deux modestes millions d'hectolitres de vin de
« raisins secs que les fabriques de l'Est et de
« Paris livraient annuellement à la consomma-
« tion de la classe ouvrière, devinrent subite-

« ment un foyer de protestations contre les vins
« qu'ils avaient fabriqués et livrés jadis. On
« organisa une nouvelle croisade dont M. le
« sénateur Griffe s'improvisa le Pierre l'Ermite,
« et dont les Deaudreis, les Turrel, les Salis et
« les Jamais sont encore les Godefroy de Bouillon
« et autres chevaliers du Saint-Sépulcre que l'on
« rencontre dans les couloirs disant à tout
« propos : « Il faut détruire les raisins secs ! »
« de la façon tragique dont les Romains pronon-
« çaient leur fameux « Il faut détruire Car-
« thage ! »

« En premier lieu, ce qu'il s'agit d'obtenir,
« c'est le rejet de la convention franco-grecque :
« et on l'obtient — par une majorité de 11 voix
« — d'une Chambre hésitante et mal instruite.
« Et cela fait, Messieurs, on vous propose de
« frapper les raisins secs d'une taxe de 20 fr. par
« 100 kilog., c'est-à-dire de rendre impossible la
« fabrication individuelle et le commerce de ces
« vins si utiles aux classes pauvres !

« Voyez-vous apparaître sous vos pieds le
« piège tendu à votre bonne foi ? Allez-vous
« donner tête baissée dans ce traquenard ? Oh !
« je sais qu'on a tout mis en œuvre pour vous
« attirer dans ce coupe-gorge commercial ! On a
« même donné à entendre aux députés du Nord
« que la grande quantité de raisins secs qui

« entrait en France était capable de susciter une
« concurrence sérieuse aux eaux-de-vie et aux
« alcools... Mais quelle valeur accorderez-vous
« aux arguments de ceux qui s'évertuent à dé-
« crier le produit qu'ils ont eux-mêmes fabriqué
« et vendu pendant plus de dix ans ?

« En résumé, de quel droit irions-nous retirer
« des lèvres de l'ouvrier et de l'agriculteur la
« seule boisson saine et fortifiante permise à son
« maigre salaire ? Si c'est uniquement pour être
« agréable aux populations du Midi et à quel-
« ques-uns de nos collègues, vous estimerez
« sans doute que la raison en est aussi insuffi-
« sante que vicieuse — Car il y a une chose
« bien simple et qui saute aux yeux, à savoir
« que le jour où le Midi pourra suffire à lui seul
« à notre consommation totale qui dépasse 48
« millions d'hectolitres, il n'aura plus à redou-
« ter aucune concurrence. Mais tant qu'il exis-
« tera un déficit entre la production et la con-
« sommation, ce vide devra forcément se com-
« bler au moyen des vins d'une autre prove-
« nance et principalement par des vins à bon
« marché.

« C'est pourquoi, Messieurs, je vous adjure
« de repousser avec énergie la tentative mépri-
« sable en elle-même qui vient de se manifester.

« A la veille de dénoncer le traité de Francfort

« et de rentrer en pleine possession de nos fran-
« chises commerciales, cette Chambre qui a une
« si grande tâche économique à remplir ne
« s'abaissera pas au niveau de ces querelles ; et
« sortie des flancs du peuple, elle poursuivra
« l'accomplissement de son œuvre, sans pitié
« pour les intrigants, mais toujours clémente
« envers les faibles et les déshérités du sort. »